Cow 跟 Craig 看 電影

Cow gen Craig kan dianying
Traditional Chinese version

Text and illustrations by Terry T. Waltz

Copyright © 2018 by Terry T. Waltz

ISBN-13: 978-1-946626-42-4
Published by Squid For Brains
Albany, NY

All rights reserved. No part of this book may be reproduced or transmitted in any form or by any means, electronic or mechanical, including photocopying, recording, or by any information storage or retrieval system, without written permission from the publisher.

牛在家。她想吃麵。

牛很喜歡吃雞肉麵。她很喜歡吃豬肉麵。

牛有一個朋友。
她的朋友是 Craig.

為什麼我的朋友是牛?

Craig 很喜歡看電影。
在他的家有很多電影。
他喜歡跟朋友看電影。

Craig 也很喜歡吃麵。

麵那麼多，時間那麼短！

他喜歡吃雞肉麵。他喜歡吃牛肉麵。他也喜歡吃豬肉麵。

七月六日，Craig 跟牛說：

我媽媽是 iFone 六

「牛，你想不想跟我看電影？跟我看電影，好不好？」

牛不喜歡看電影。

看電影很無聊，但是吃麵不無聊！

但是，因為她是牛，她很喜歡吃麵。
牛跟 Craig 說：「好！」

所以牛去了 Craig 的家。

Craig 在家看電影。牛不喜歡看電影,但是她喜歡吃麵。

所以,Craig 看電影的時候...

牛 吃了 他的 麵。是 豬肉麵。 很 好吃！

牛 說：

「Craig 的
豬肉麵
很好吃！
我 很 喜歡！」

Craig 很生氣！
他生牛的氣，因為他看電影的時候，牛吃了他的麵。

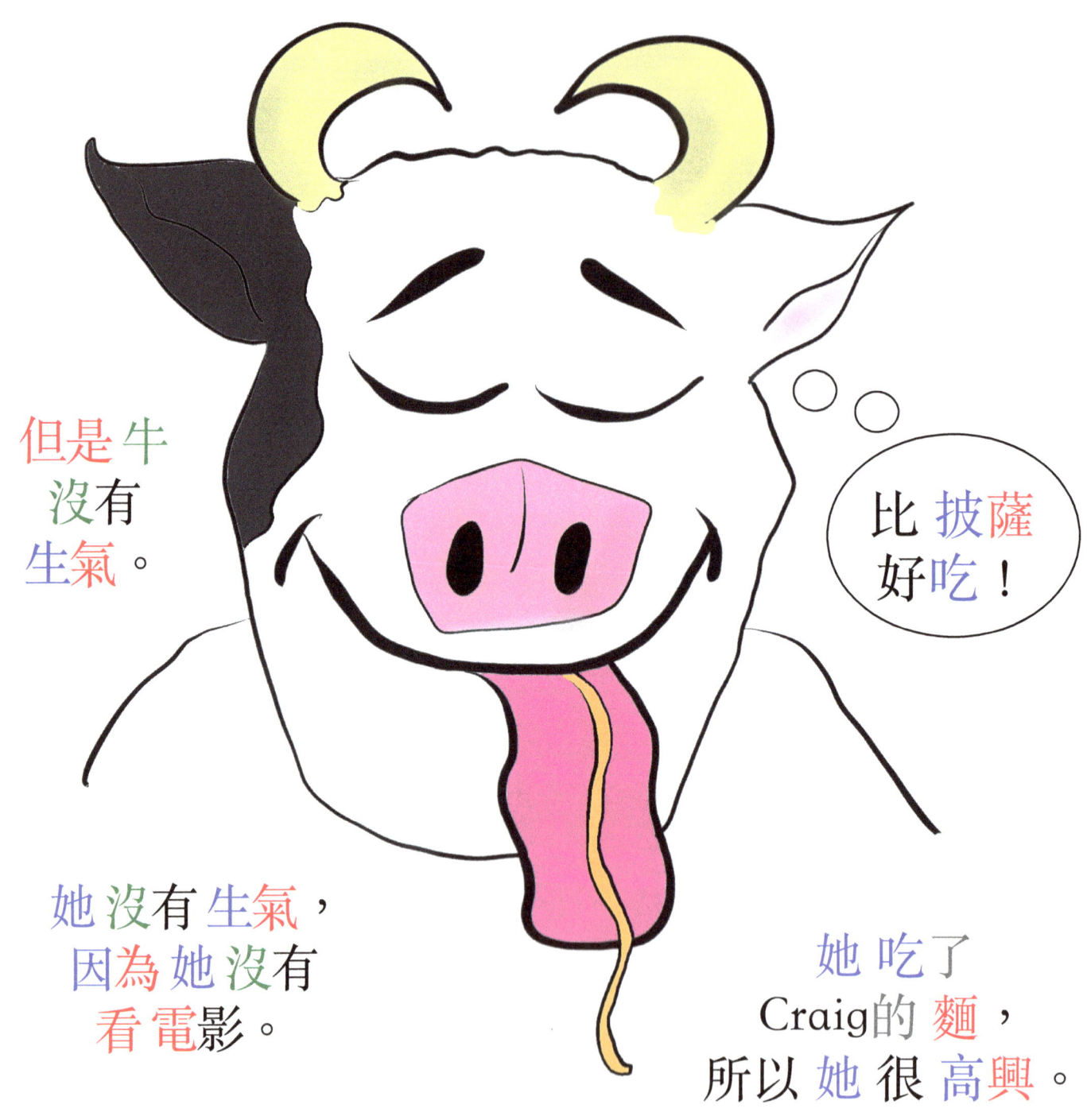

七月八日，Craig 跟牛說：「牛，你想不想跟我看電影？跟我看電影，好不好？我有麵。今天的麵很好吃！」

牛跟 Craig 說：「好！」
所以牛去了 Craig 的家。

Craig 跟牛說:「誰吃了我的麵?」
牛說:「我不知道!你不想看電影嗎?」

「我知道是你!我看電影的時候,你就吃了我的豬肉麵!」

Craig 看電影的時候，吃了牛肉麵。
他不生氣了。

Glossary

bā (八): eight
bù (不): not
chī (吃): eat
dànshì (但是): but
de shíhòu (的时候): at the time when
de (的): 's
diànyǐng (电影): movie
gāoxìng (高兴): happy
gēn (跟): with
hǎo bù hǎo (好不好): okay?
hào chī (好吃): good eating delicious
hǎo (好): good, okay
hěn (很): very
hěnduō (很多): many
jiā (家): home
jīntiān (今天): today
jīròu miàn (鸡肉面): chicken noodles
jiù (就): "sooner-than-expected"
kàn (看): watch, look at
kūle (哭了): starts to cry
le (了): (shows the action is finished)
liù (六): six
ma (吗): (yes-or-no question marker)
mǎi (买): buys
méi yǒu (没有): there isn't, doesn't have
miàn (面): noodles

nǐ (你): you
niú (牛): cow
niúròu miàn (牛肉面): beef noodles
péngyǒu (朋友): friend
qī yuè (七月): July
qī (七): seven
qù (去): goes
rì (日): day
shéi (谁): who?
shēngqì (生气): is angry
shì (是): is
shuō (说): says
suǒyǐ (所以): therefore
tā de (他的): his
tā (他): he
tā (她): she
wǒ (我): I
xiǎng (想): feels like
xǐhuān (喜欢): likes
yě (也): also
yīgè (一个): a
yīnwèi (因为): because
yǒu (有): has
zài (在): be at
zhīdào (知道): know (a fact)
zhūròu miàn (猪肉面): pork noodles

www.ingramcontent.com/pod-product-compliance
Lightning Source LLC
Chambersburg PA
CBHW051351110526
44591CB00025B/2974